skola - школа	2
resa - путешествие	5
transport - транспорт	8
stad - город	10
landskap - ландшафт	14
restaurang - ресторан	17
stormarknad - супермаркет	20
drycker - напитки	22
mat - еда	23
bondgård - ферма	27
hus - дом	31
vardagsrum - гостиная	33
kök - кухня	35
badrum - ванная комната	38
barnrum - детская комната	42
kläder - одежда	44
kontor - офис	49
ekonomi - экономика	51
yrken - профессии	53
verktyg - инструменты	56
musikinstrument - музыкальные инструменты	57
zoo - зоопарк	59
sport - спорт	62
aktiviteter - действия	63
familj - семья	67
kropp - тело	68
sjukhus - больница	72
nödsituation - неотложный случай	76
Jorden - земля	77
klocka - часы	79
vecka - неделя	80
år - год	81
former - формы	83
färger - цвета	84
motsatser - противоположности	85
siffror - цифры	88
språk - языки	90
vem / vad / hur - кто / что / как	91
var - где	92

Impressum
Verlag: BABADADA GmbH, Nedderfeld 112 , 22529 Hamburg
Geschäftsführer / Verlagsleitung: Harald Hof
Druck: Books on Demand GmbH, In de Tarpen 42, 22848 Norderstedt

Imprint
Publisher: BABADADA GmbH, Nedderfeld 112 , 22529 Hamburg, Germany
Managing Director / Publishing direction: Harald Hof
Print: Books on Demand GmbH, In de Tarpen 42, 22848 Norderstedt, Germany

skola

школа

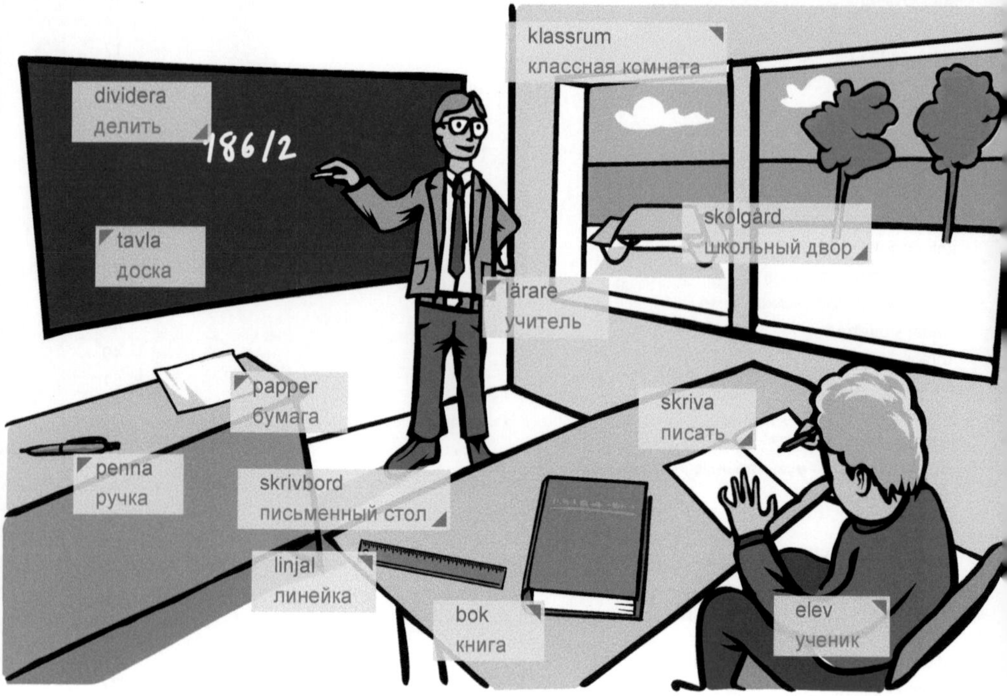
klassrum
классная комната
dividera
делить
186/2
tavla
доска
skolgård
школьный двор
lärare
учитель
papper
бумага
skriva
писать
penna
ручка
skrivbord
письменный стол
linjal
линейка
bok
книга
elev
ученик

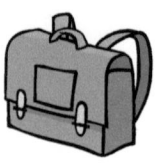

skolväska

ранец

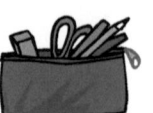

pennfodral

пенал

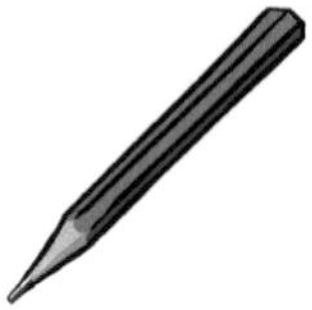

blyertspenna

карандаш

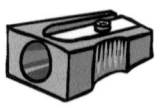

pennvässare

точилка

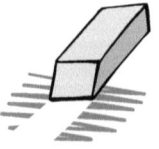

suddgummi

ластик

ritblock

альбом для рисования

teckning

рисунок

pensel

кисточка

målarláda

коробка красок

sax

ножницы

lim

клей

övningsbok

тетрадь

hemläxa

домашняя работа

tal

цифра

2+2

addera

прибавлять

subtrahera

вычитать

multiplicera

умножать

räkna

считать

bokstav

буква

alfabet

алфавит

ord

слово

text

текст

läsa

читать

krita

мел

lektion

урок

register

классный журнал

prov

экзамен

intyg

диплом

skoluniform

школьная форма

utbildning

образование

uppslagsverk

энциклопедия

universitet

университет

mikroskop

микроскоп

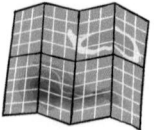

karta

карта

papperskorg

корзина для бумаг

resa
путешествие

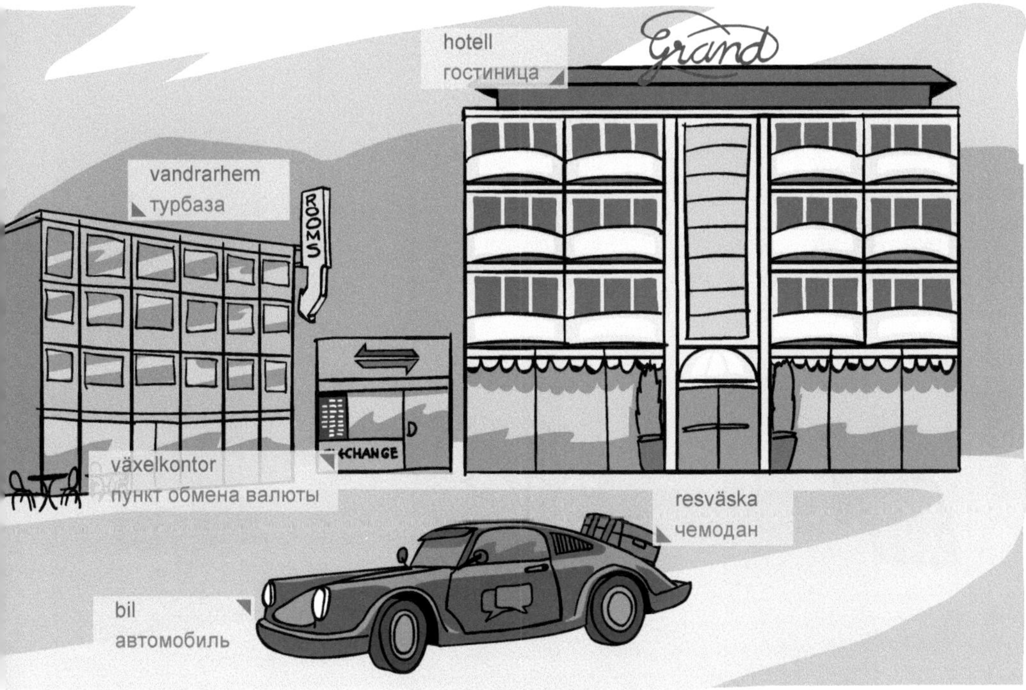
hotell
гостиница
Grand
vandrarhem
турбаза
ROOMS
växelkontor
пункт обмена валюты
resväska
чемодан
bil
автомобиль

språk

язык

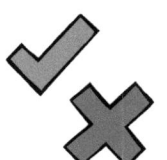

ja / nej

да / нет

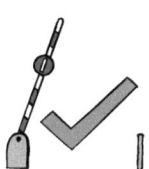

Okay

хорошо

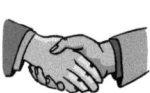

hej

Привет

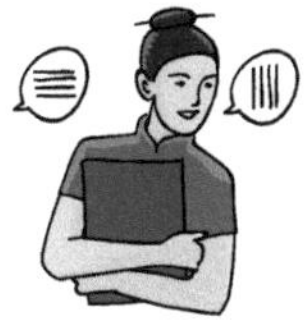

översättare

переводчик

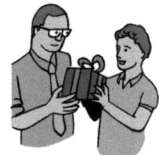

Tack

Спасибо

hur mycket kostar…?

Сколько стоит…?

jag förstår inte

Я не понимаю

problem

проблема

God kväll!

Добрый вечер!

God morgon!

Доброе утро!

God natt!

Доброй ночи!

hejdå

До свидания

riktning

направление

bagage

багаж

väska

сумка

ryggsäck

рюкзак

gäst

гость

rum

комната

sovsäck

спальный мешок

tält

палатка

turistinformation

туристическая
информация

strand

пляж

kreditkort

кредитная карточка

frukost

завтрак

lunch

обед

middag

ужин

biljett

билет

hiss

лифт

frimärke

почтовая марка

gräns

граница

tull

таможня

ambassad

посольство

visum

виза

pass

паспорт

transport
транспорт

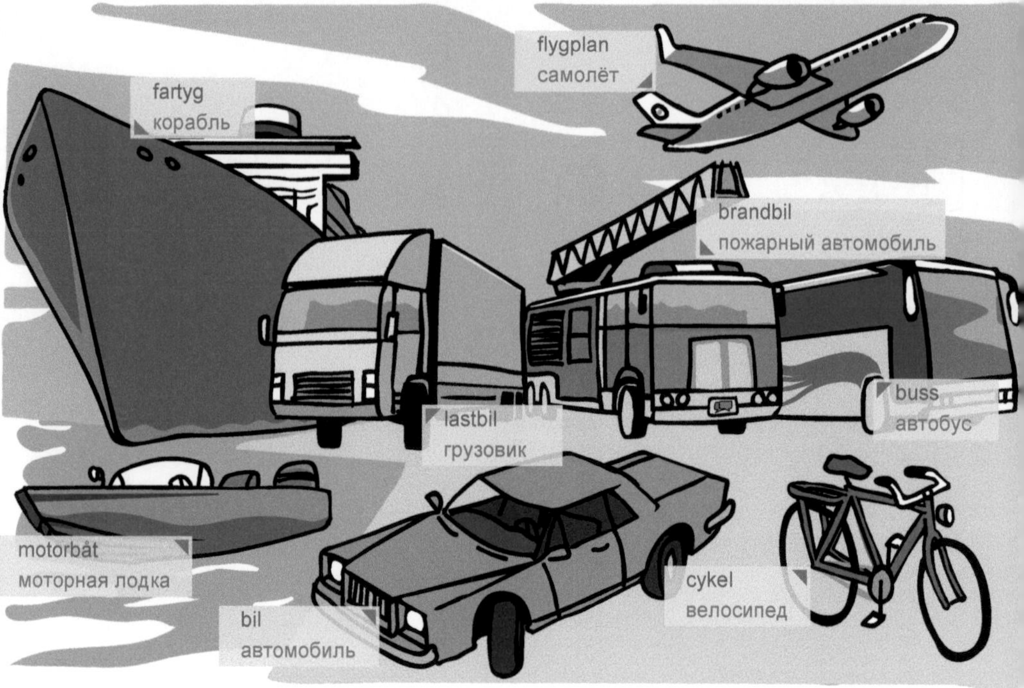
flygplan
самолёт
fartyg
корабль
brandbil
пожарный автомобиль
lastbil
грузовик
buss
автобус
motorbåt
моторная лодка
cykel
велосипед
bil
автомобиль

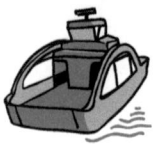

färja

паром

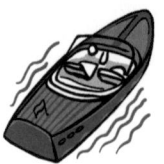

båt

лодка

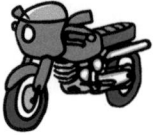

motorcykel

мотоцикл

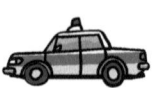

polisbil

полицейский автомобиль

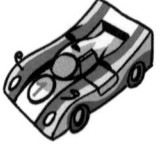

racerbil

гоночный автомобиль

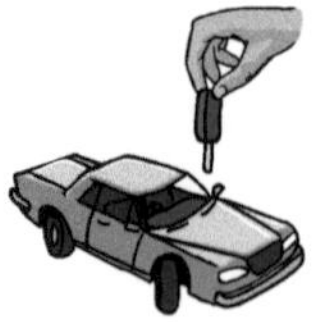

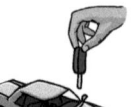

hyrbil

арендованный автомобиль

bilpool

совместное пользование автомобилями

bärgningsbil

буксировочный автомобиль

sopbil

мусоровоз

motor

двигатель

bränsle

топливо

bensinstation

заправка

vägmärke

дорожный знак

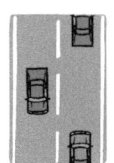

trafik

движение

bilkö

пробка

parkeringsplats

автостоянка

tågstation

вокзал

räls

рельсы

tåg

поезд

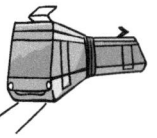

spårvagn

трамвай

vagn

вагон

helikopter

вертолёт

flygplats

аэропорт

torn

вышка

passagerare

пассажир

container

контейнер

kartong

коробка

vagn

тележка

korg

корзина

starta / landa

взлетать / приземляться

stad

город

by

деревня

centrum

центр города

hus

дом

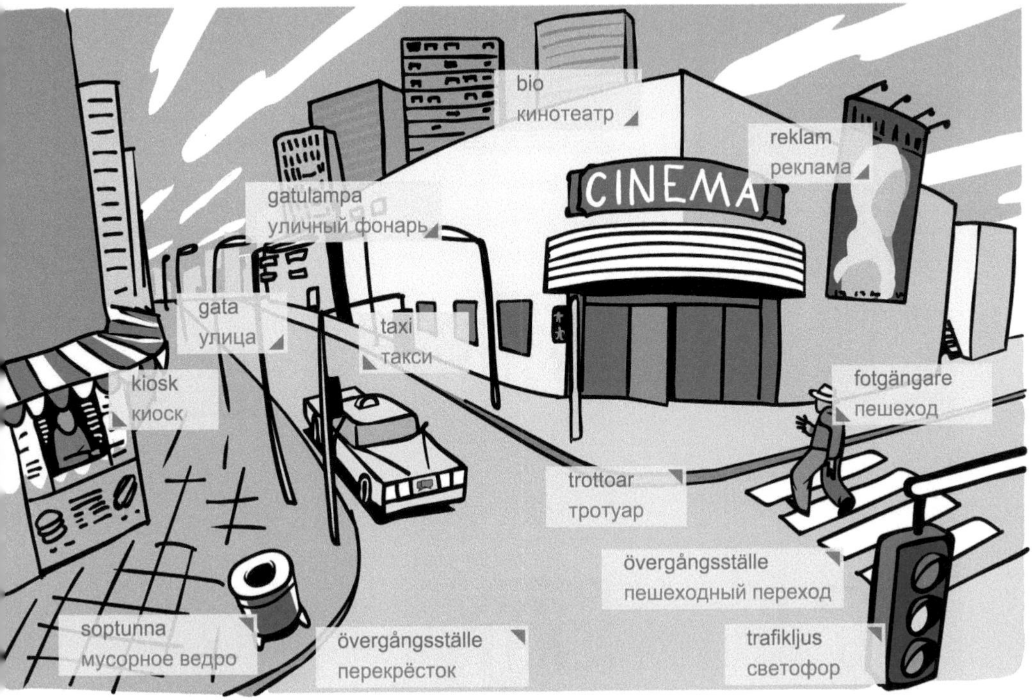

bio
кинотеатр

reklam
реклама

gatulampa
уличный фонарь

CINEMA

gata
улица

taxi
такси

kiosk
киоск

fotgängare
пешеход

trottoar
тротуар

övergångsställe
пешеходный переход

soptunna
мусорное ведро

övergångsställe
перекрёсток

trafikljus
светофор

stuga
хижина

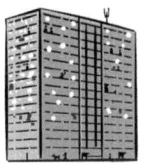

lägenhet
квартира

tågstation
вокзал

stadshus
ратуша

MUSEUM

museum
музей

skola
школа

universitet

университет

bank

банк

sjukhus

больница

hotell

гостиница

apotek

аптека

kontor

офис

bokhandel

книжный магазин

affär

магазин

blomsterbutik

цветочный магазин

stormarknad

супермаркет

marknad

рынок

varuhus

универмаг

fiskhandlare

торговец рыбой

köpcentrum

торговый центр

hamn

порт

park

парк

bänk

скамейка

brygga

мост

trappa

лестница

tunnelbana

метро

tunnel

тоннель

busshållplats

автобусная остановка

bar

бар

restaurang

ресторан

brevlåda

почтовый ящик

gatuskylt

табличка с названием улицы

parkeringsautomat

паркометр

zoo

зоопарк

simbassäng

бассейн

moské

мечеть

bondgård

ферма

förorening

загрязнение окружающей среды

kyrkogård

кладбище

kyrka

церковь

lekplats

детская площадка

tempel

храм

landskap
ландшафт

löv
лист

vägskylt
дорожный указатель

väg
дорога

äng
луг

sten
камень

träd
дерево

liftare
путешественник

flod
река

gräs
трава

blomma
цветок

dal
долина

kulle
гора

sjö
озеро

skog
лес

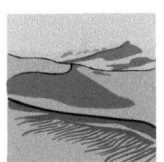

öken
пустыня

vulkan
вулкан

slott
замок

regnbåge
радуга

svamp
гриб

palm
пальма

mygga
комар

fluga
муха

myra
муравей

bi
пчела

spindel
паук

skalbagge

жук

groda

лягушка

ekorre

белка

igelkott

еж

hare

заяц

uggla

сова

fågel

птица

svan

лебедь

vildsvin

кабан

rådjur

олень

älg

лось

damm

плотина

vindkraftverk

ветряной генератор

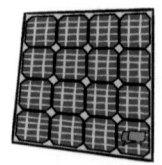

solcellspanel

солнечная батарея

klimat

климат

restaurang
ресторан

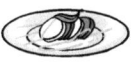

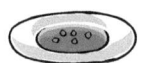

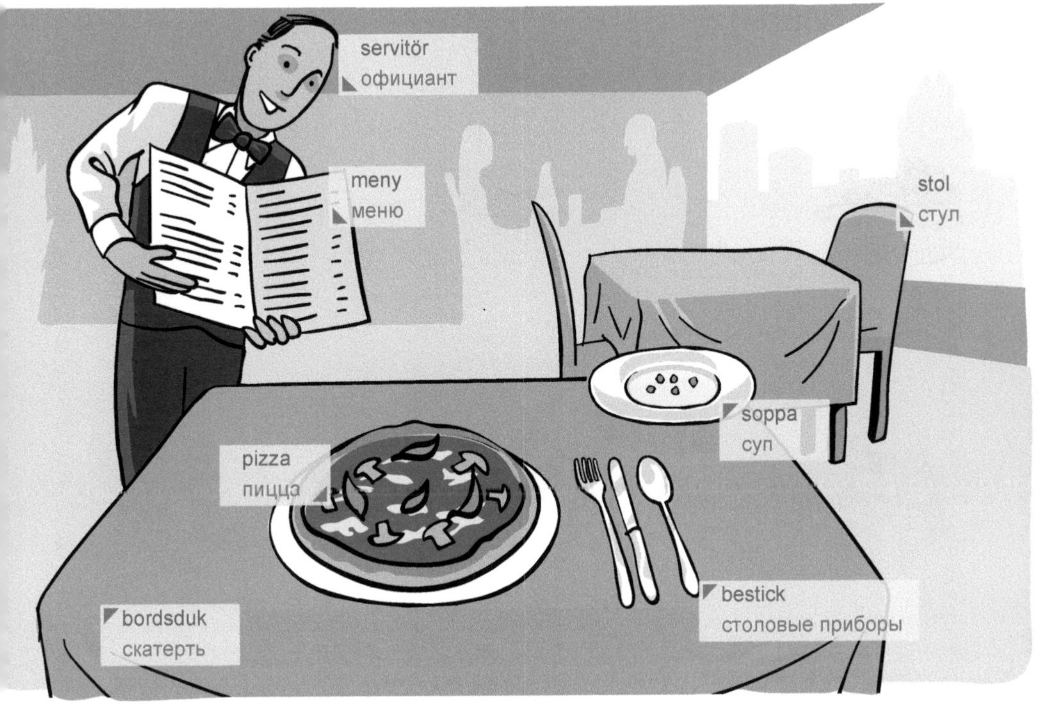
servitör
официант
meny
меню
stol
стул
sоppa
суп
pizza
пицца
bestick
столовые приборы
bordsduk
скатерть

förrätt

закуска

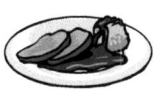

huvudrätt

главное блюдо

dessert

десерт

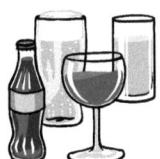

drycker

напитки

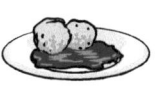

mat

еда

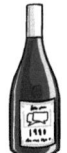

flaska

бутылка

snabbmat

фастфуд

street food

уличная еда

tekanna

чайник

sockerskål

сахарница

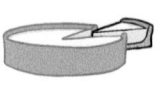

portion

порция

espressomaskin

кофеварка

barnstol

детский стульчик

räkning

счет

bricka

поднос

kniv

нож

gaffel

вилка

sked

ложка

tesked

чайная ложка

servett

салфетка

glas

стакан

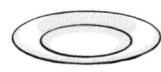

tallrik

тарелка

sopptallrik

суповая тарелка

tefat

блюдце

sås

соус

saltkar

солонка

pepparkvarn

мельница для перца

vinäger

уксус

olja

масло

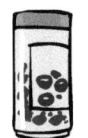

kryddor

специи

ketchup

кетчуп

senap

горчица

majonnäs

майонез

stormarknad

супермаркет

specialerbjudande
специальное предложение
kund
покупатель
mejeriprodukter
молочные продукты
frukt
фрукты
varukorg
тележка для покупок
FOR

BUTCHERS

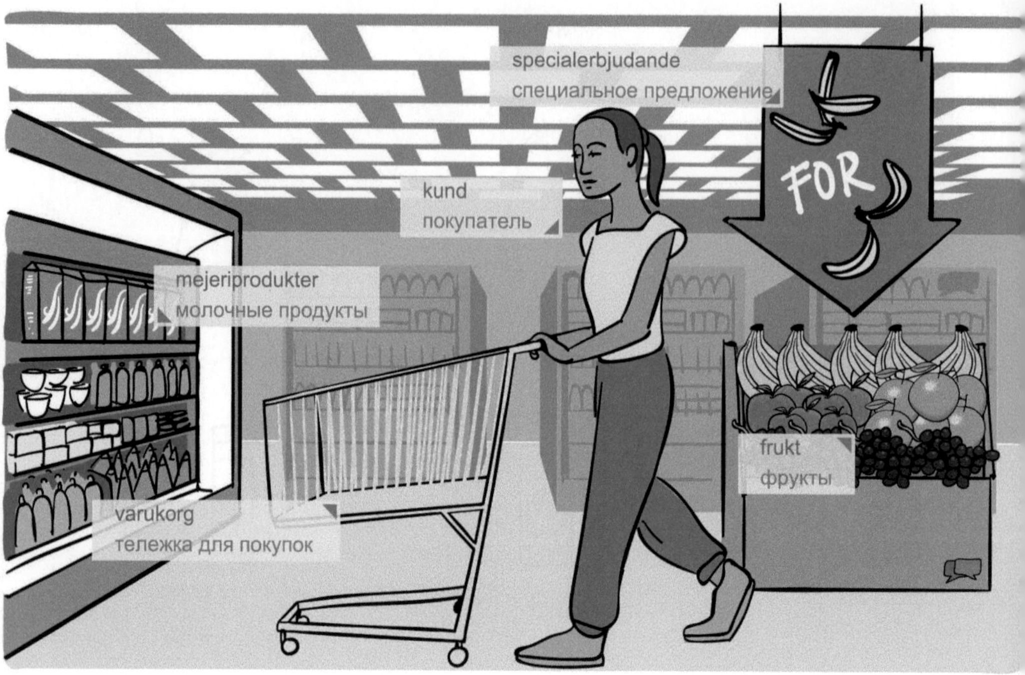

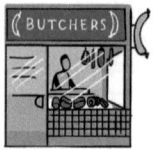

charkuteri
мясной магазин

BAKERY

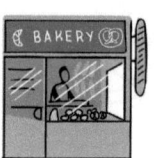

bageri
пекарня

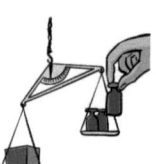

väga
взвешивать

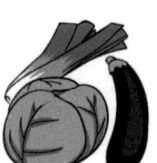

grönsaker
овощи

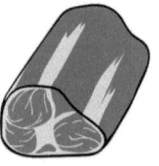

kött
мясо

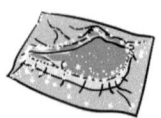

frysta livsmedel
быстрозамороженные продукты

pålägg

нарезка

konserver

консервы

tvättmedel

стиральный порошок

godis

сладости

hushållsprodukter

предмет домашнего обихода

rengöringsmedel

моющее средство

försäljare

продавщица

kassa

касса

kassör

кассир

inköpslista

список покупок

öppettider

время работы

plånbok

бумажник

kreditkort

кредитная карточка

väska

сумка

plastpåse

полиэтиленовый пакет

vatten

вода

juice

сок

mjölk

молоко

cola

кока-кола

vin

вино

öl

пиво

alkohol

алкоголь

kakao

какао

te

чай

kaffe

кофе

espresso

эспрессо

cappuccino

капучино

banan

банан

äpple

яблоко

apelsin

апельсин

melon

арбуз

citron

лимон

morot

морковь

vitlök

чеснок

bambu

бамбук

lök

лук

svamp

гриб

nötter

орехи

nudlar

лапша

spaghetti

спагетти

ris

рис

sallad

салат

pommes frites

картофель фри

stekt potatis

жареный картофель

pizza

пицца

hamburgare

гамбургер

smörgås

сэндвич

schnitzel

шницель

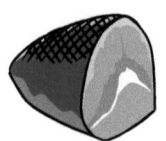

skinka

ветчина

salami

салями

korv

колбаса

kyckling

курица

stek

жаркое

fisk

рыба

havregryn

овсяные хлопья

müsli

мюсли

cornflakes

кукурузные хлопья

mjöl

мука

croissant

круассан

fralla

булочка

bröd

хлеб

rostat bröd

тост

kex

печенье

smör

масло

kvarg

творог

kaka

пирог

ägg

яйцо

stekt ägg

яичница

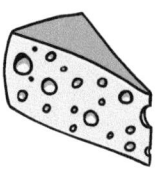

ost

сыр

glass

мороженое

socker

сахар

honung

мёд

sylt

мармелад

nougatkräm

крем с нугой

curry

карри

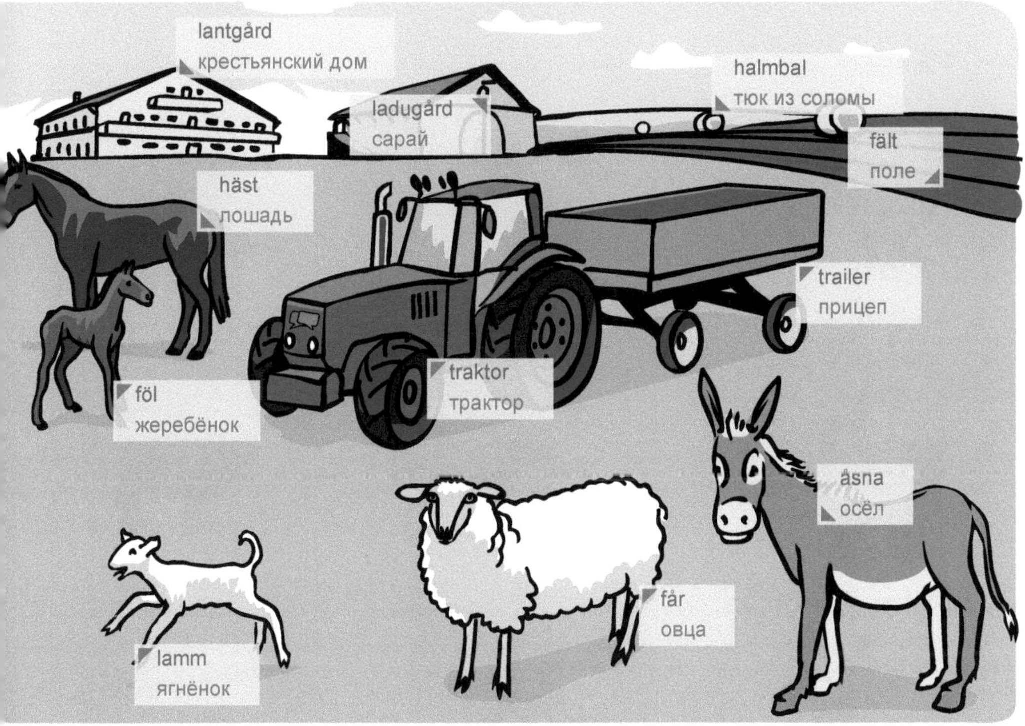

lantgård
крестьянский дом

halmbal
тюк из соломы

ladugård
сарай

fält
поле

häst
лошадь

trailer
прицеп

föl
жеребёнок

traktor
трактор

åsna
осёл

lamm
ягнёнок

får
овца

get

коза

ko

корова

kalv

телёнок

gris

свинья

griskulting

поросёнок

tjur

бык

gås

гусь

anka

утка

kyckling

цыплёнок

höna

курица

tupp

петух

råtta

крыса

katt

кошка

mus

мышь

oxe

вол

hund

собака

hundkoja

конура

trädgårdsslang

садовый шланг

vattenkanna

лейка

lie

коса

plog

плуг

skära

серп

hacka

мотыга

högaffel

навозные вилы

yxa

топор

skottkärra

тачка

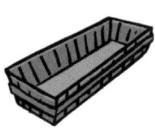

tråg

корыто

mjölkflaska

бидон для молока

säck

мешок

staket

забор

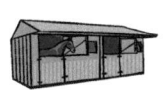

stall

хлев

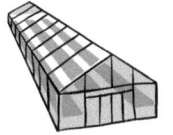

växthus

теплица

jord

почва

säd

посев

gödsel

удобрение

skördetröska

комбайн

skörda

собирать урожай

skörd

урожай

jams

ямс

vete

пшеница

soja

соя

potatis

картофель

majs

кукуруза

raps

рапс

fruktträd

фруктовое дерево

maniok

маниок

spannmål

злаки

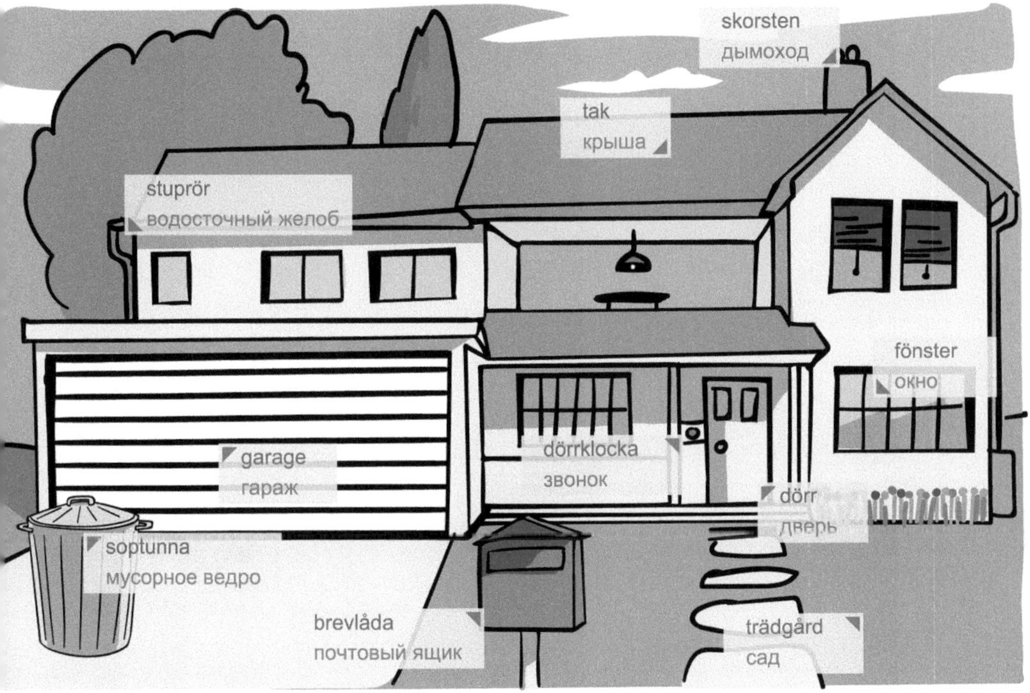

skorsten
дымоход

tak
крыша

stuprör
водосточный желоб

fönster
окно

garage
гараж

dörrklocka
звонок

dörr
дверь

soptunna
мусорное ведро

brevlåda
почтовый ящик

trädgård
сад

vardagsrum

гостиная

badrum

ванная комната

kök

кухня

sovrum

спальня

barnrum

детская комната

matsal

столовая

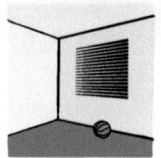

golv
пол

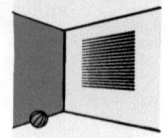

vägg
стена

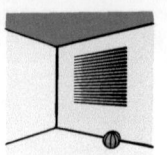

tak
потолок

källare
подвал

bastu
сауна

balkong
балкон

terrass
терраса

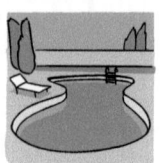

bassäng
бассейн

gräsklippare
газонокосилка

lakan
пододеяльник

överkast
покрывало

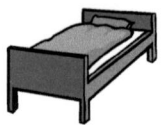

säng
кровать

kvast
метла

hink
ведро

strömbrytare
выключатель

vardagsrum
гостиная

tapet
обои
bild
рисунок
lampa
лампа
hylla
полка
skåp
шкаф
TV
телевизор
eldstad
камин
blomma
цветок
kudde
подушка
soffa
диван
vas
ваза
fjärrkontroll
пульт дистанционного управления

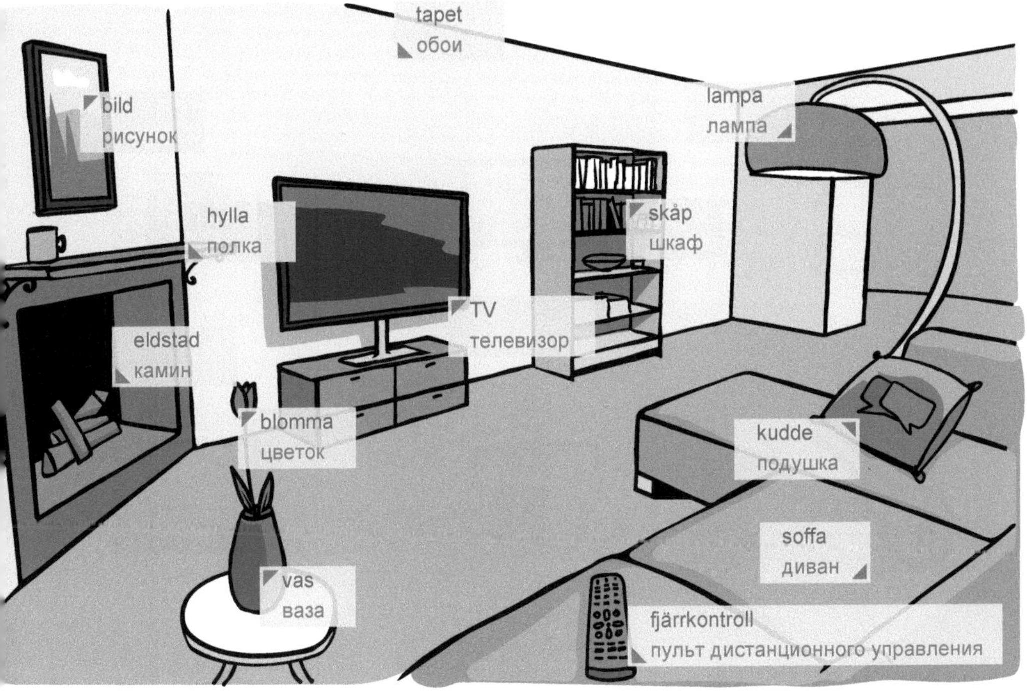

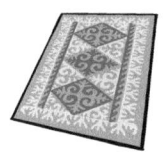

matta
ковёр

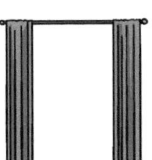

gardin
штора

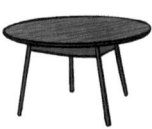

bord
стол

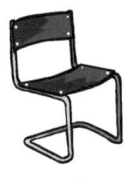

stol
стул

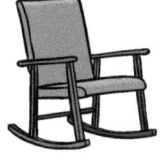

gungstol
кресло-качалка

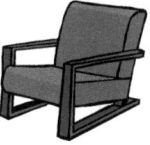

fåtölj
кресло

bok

книга

filt

покрывало

dekoration

украшение

vedträ

дрова

film

фильм

stereoanläggning

стереосистема

nyckel

ключ

dagstidning

газета

målning

картина

poster

плакат

radio

радио

anteckningsbok

блокнот

dammsugare

пылесос

kaktus

кактус

stearinljus

свеча

kök

кухня

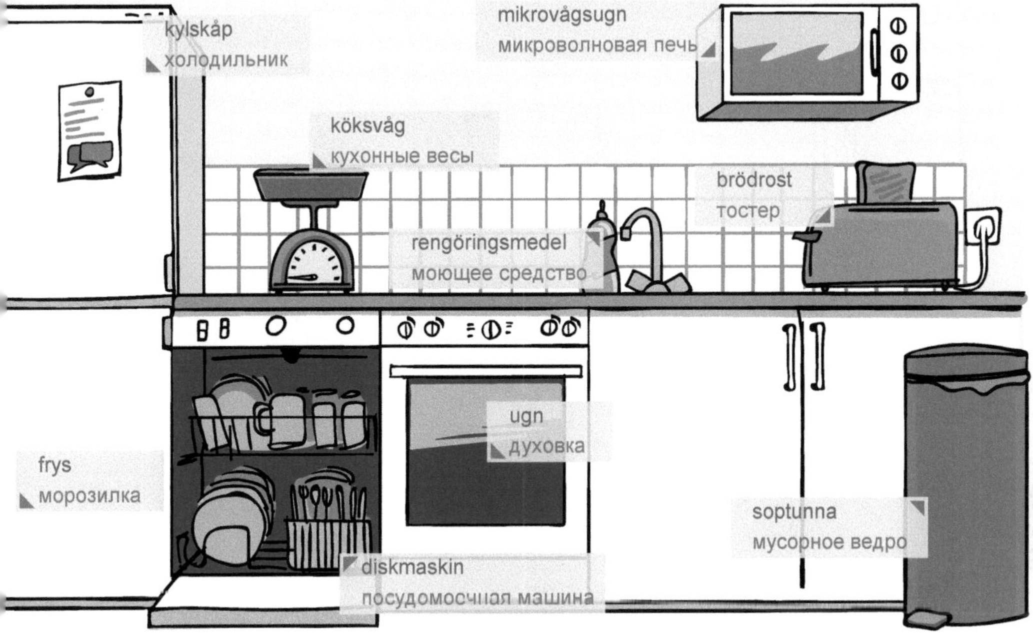

kylskåp
холодильник
mikrovågsugn
микроволновая печь
köksvåg
кухонные весы
brödrost
тостер
rengöringsmedel
моющее средство
ugn
духовка
frys
морозилка
soptunna
мусорное ведро
diskmaskin
посудомоечная машина

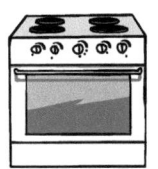

spis
плита

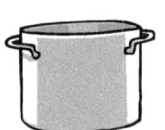

kastrull
кастрюля

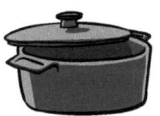

järngryta
чугунный котелок

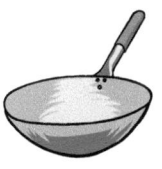

wok / kadai
вок / кадай

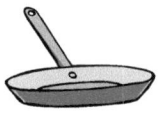

stekpanna
сковорода

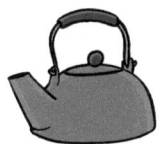

vattenkokare
чайник

ångkokare

пароварка

bakplåt

противень

porslin

посуда

mugg

кружка

skål

миска

ätpinnar

палочки для еды

soppslev

половник

stekspade

лопатка

visp

сбивалка

durkslag

сито

sil

сито

rivjärn

тёрка

mortel

ступка

grill

гриль

brasa

костёр

skärbräda

доска

kavel

скалка

korkskruv

штопор

burk

жестяная банка

burköppnare

консервный нож

grytlapp

прихватка

vask

раковина

borste

щетка

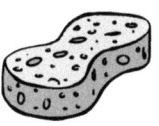

svamp

губка

mixer

миксер

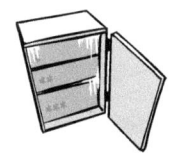

frys

морозильная камера

nappflaska

бутылочка для кормления

kran

кран

kök - кухня

badrum

ванная комната

värme
отопление
handduk
полотенце
dusch
душ
duschdraperi
душевая занавеска
bubbelbad
пенистая ванна
badkar
ванна
glas
стакан
tvättmaskin
стиральная машина
kran
кран
kakel
плитка
potta
горшок
vask
раковина

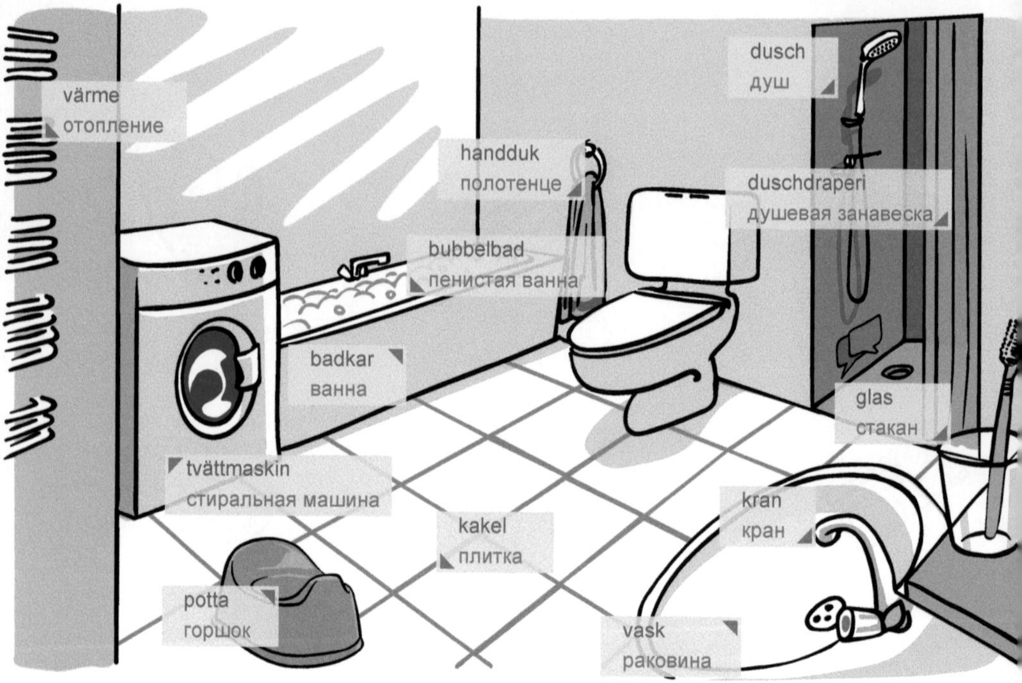

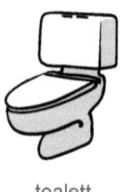

toalett

туалет

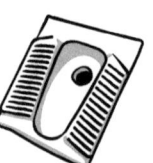

låg toalett

напольный унитаз

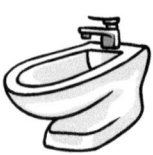

bidet

биде

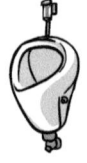

pissoar

писсуар

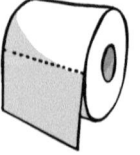

toalettpapper

туалетная бумага

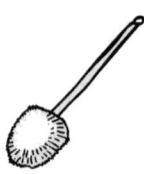

toalettborste

ершик

tandborste

зубная щётка

tandkräm

зубная паста

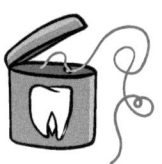

tandtråd

зубная нить

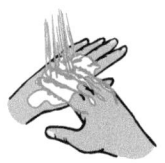

tvätta

мыть

handdusch

ручной душ

intimdusch

интимный душ

handfat

таз

ryggborste

щётка для спины

tvål

мыло

duschgel

гель для душа

schampo

шампунь

trasa

мочалка

avlopp

сток

crème

крем

deodorant

дезодорант

spegel

зеркало

handspegel

ручное зеркало

rakhyvel

бритва

raklödder

пена для бритья

rakvatten

лосьон после бритья

kam

расческа

borste

щетка

hårtork

фен

hårspray

лак для волос

smink

косметика

läppstift

губная помада

nagellack

лак для ногтей

bomullsvadd

вата

nagelsax

маникюрные ножницы

parfym

духи

necessär
косметичка

pall
табуретка

våg
весы

badrock
халат

gummihandskar
резиновые перчатки

tampong
тампон

binda
гигиеническая прокладка

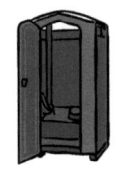

kemisk toalett
биотуалет

barnrum

детская комната

väckarklocka
будильник
gosedjur
мягкая игрушка
leksaksbil
игрушечный автомобиль
skallra
погремушка
dockhus
кукольный домик
present
подарок

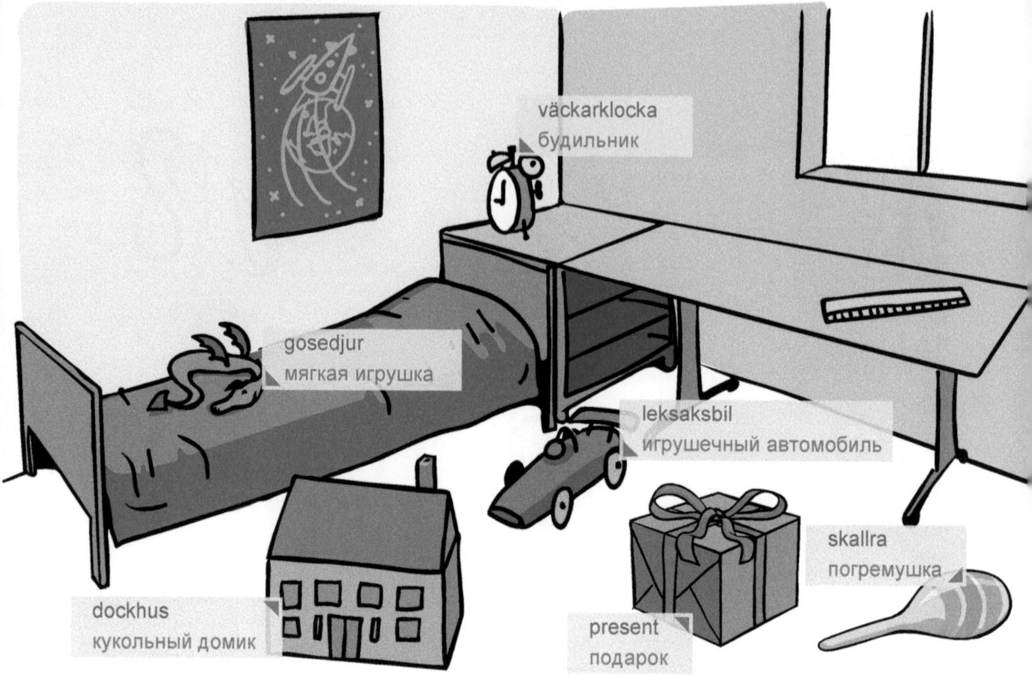

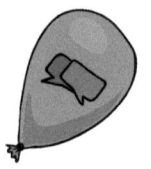

ballong

воздушный шар

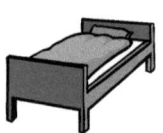

säng

кровать

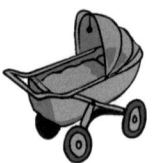

barnvagn

детская коляска

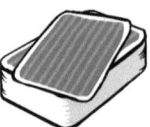

kortlek

карточная игра

pussel

пазл

SUPER MEGA

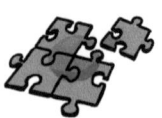

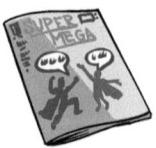

serietidning

комикс

legobitar

кирпичики Лего

klossar

кубики

actionfigur

игрушечная фигурка

sparkdräkt

ползунки

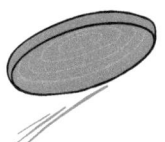

frisbee

фрисби

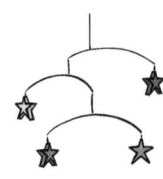

mobil

мобиле

brädspel

настольная игра

tärning

кубик

modelljärnväg

модель железной дороги

napp

соска

party

вечеринка

bilderbok

книга с картинками

boll

мяч

docka

кукла

spela

играть

sandlåda

песочница

gunga

качели

leksaker

игрушка

spelkonsol

игровая приставка

trehjuling

трёхколесный велосипед

nalle

плюшевый медвежонок

garderob

шкаф для одежды

kläder

одежда

sockar

носки

strumpor

чулки

tights

колготки

halsduk
шарф

bälte
ремень

paraply
зонтик

t-shirt
футболка

sneakers
кроссовки

stövlar
сапоги

tofflor
тапки

sandaler
сандалии

skor
ботинки

gummistövlar
резиновые сапоги

underbyxor
трусы

BH
бюстгальтер

linne
майка

kläder - одежда

body

боди

byxor

брюки

jeans

джинсы

kjol

юбка

blus

блузка

skjorta

рубашка

pullover

свитер

sweater

свитер

blazer

спортивная куртка

jacka

жакет

kappa

пальто

regnjacka

плащ

dräkt

костюм

klänning

платье

bröllopsklänning

свадебное платье

kostym

мужской костюм

nattlinne

ночная сорочка

pyjamas

пижама

sari

сари

slöja

платок

turban

тюрбан

burka

паранджа

kaftan

кафтан

abaya

абайя

baddräkt

купальник

badbyxor

плавки

shorts

шорты

träningsoverall

спортивный костюм

förkläde

фартук

handskar

перчатки

knapp

пуговица

glasögon

очки

armband

браслет

halsband

цепочка

ring

кольцо

örhänge

серьга

mössa

шапка

galge

вешалка

hatt

шляпа

slips

галстук

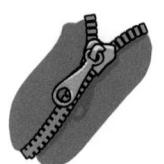

dragkedja

застежка молния

hjälm

шлем

hängslen

подтяжки

skoluniform

школьная форма

uniform

форма

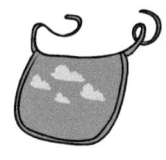

haklapp

детский нагрудник

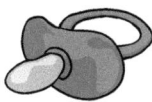

napp

соска

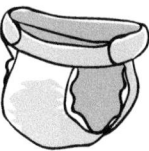

blöja

подгузник

kontor

офис

server
сервер
dokumentskåp
канцелярский шкаф
skrivare
принтер
papper
бумага
bildskärm
монитор
mus
мышь
skrivbord
письменный стол
mapp
папка
tangentbord
клавиатура
papperskorg
корзина для бумаг
dator
компьютер
stol
стул

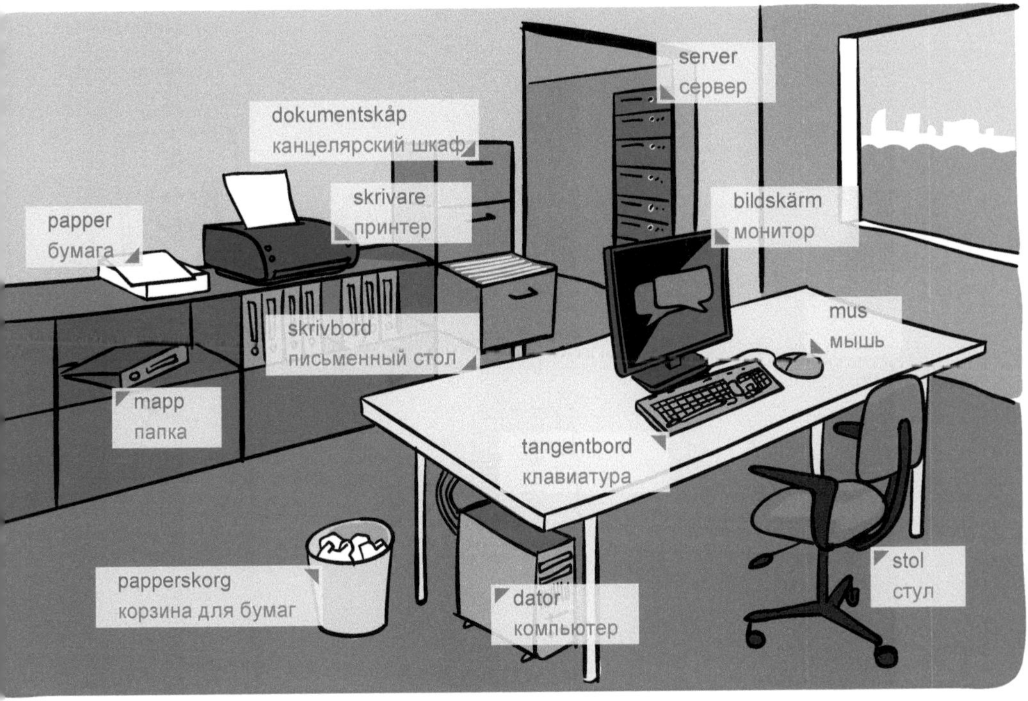

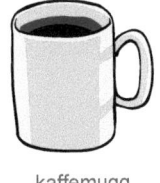

kaffemugg

кофейная кружка

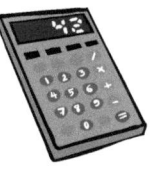

miniräknare

калькулятор

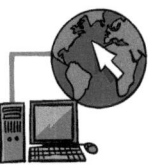

internet

интернет

bärbar dator

ноутбук

brev

письмо

meddelande

сообщение

mobiltelefon

мобильный телефон

nätverk

сеть

kopieringsapparat

ксерокс

programvara

программа

telefon

телефон

vägguttag

розетка

fax

факс

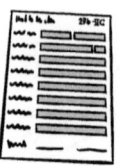

blankett

формуляр

dokument

документ

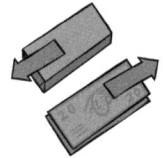

köpa

покупать

betala

платить

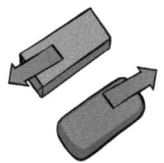

handla

торговать

pengar

деньги

USD

dollar

доллар

EUR

euro

евро

JPY

yen

иена

RUB

rubel

рубль

CHF

schweizisk franc

франк

CNY

renminbi yan

жэньминьби юань

INR

rupie

рупия

bankomat

банкомат

växelkontor

пункт обмена валюты

guld

золото

silver

серебро

olja

нефть

energi

энергия

pris

цена

kontrakt

договор

skatt

налог

aktie

акция

arbeta

работать

anställd

служащий

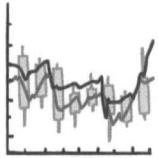

arbetsgivare

работодатель

fabrik

фабрика

affär

магазин

yrken
профессии

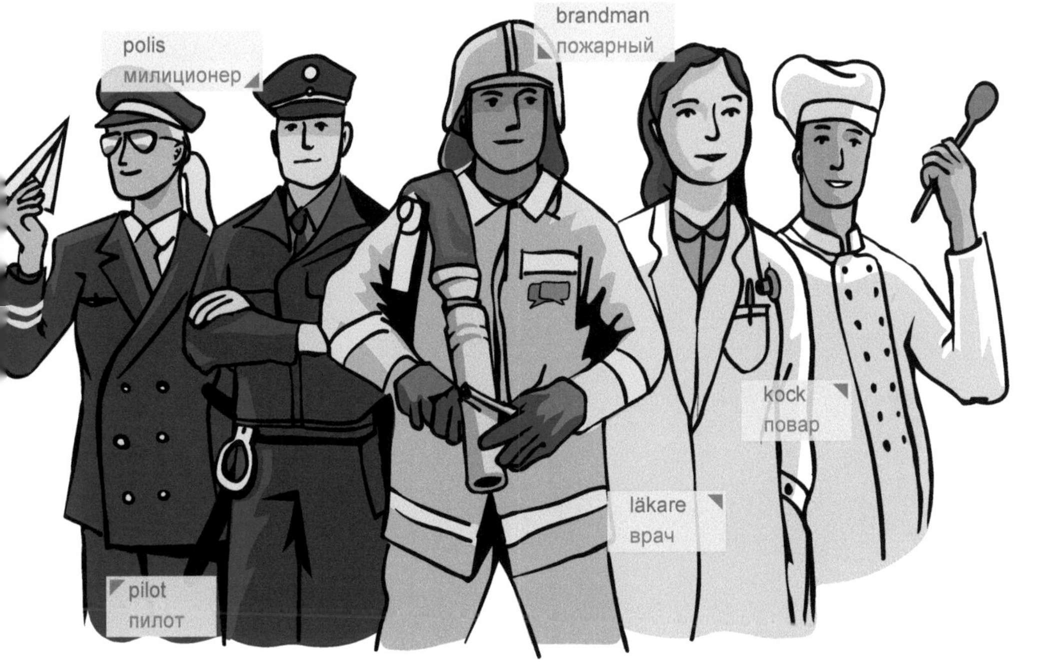

polis
милиционер
brandman
пожарный
kock
повар
läkare
врач
pilot
пилот

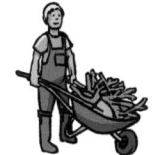

trädgårdsmästare

садовник

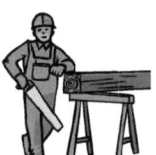

snickare

столяр

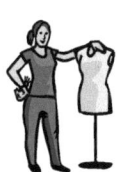

sömmerska

швея

domare

судья

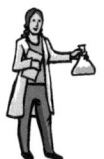

kemist

химик

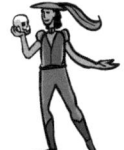

skådespelare

актёр

busschaufför

водитель автобуса

taxichaufför

таксист

fiskare

рыбак

städerska

уборщица

takläggare

кровельщик

servitör

официант

jägare

охотник

målare

художник

bagare

пекарь

elektriker

электрик

byggarbetare

строитель

ingenjör

инженер

slaktare

мясник

rörmokare

сантехник

brevbärare

почтальон

soldat

солдат

arkitekt

архитектор

kassör

кассир

florist

флорист

frisör

парикмахер

konduktör

кондуктор

mekaniker

механик

kapten

капитан

tandläkare

зубной врач

vetenskapsman

ученый

rabbin

раввин

imam

имам

munk

монах

präst

священник

verktyg
инструменты

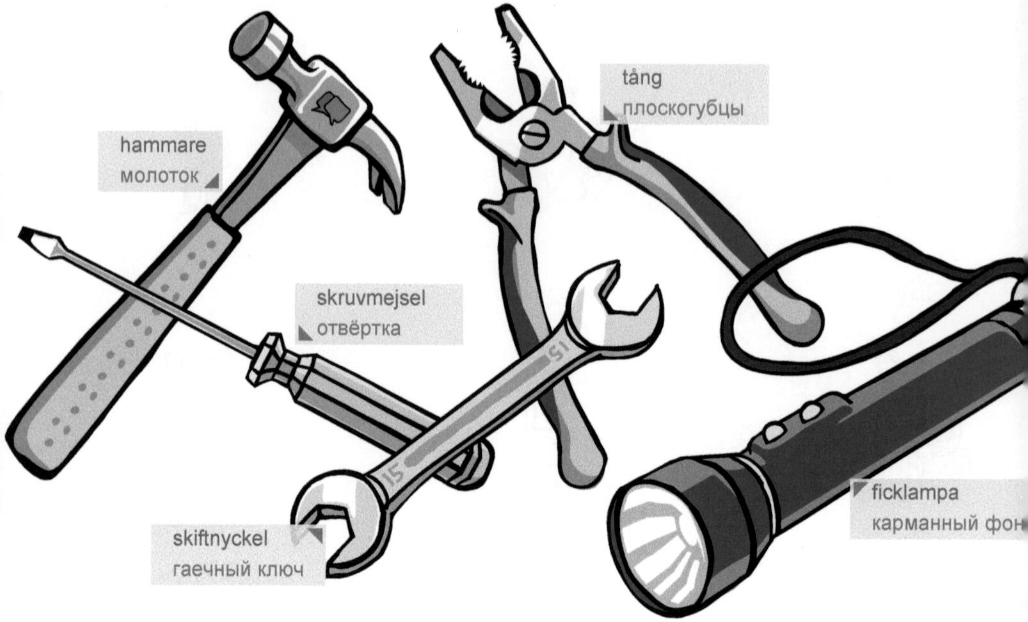

tång
плоскогубцы
hammare
молоток
skruvmejsel
отвёртка
ficklampa
карманный фон
skiftnyckel
гаечный ключ

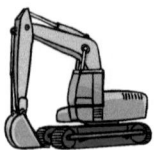

grävmaskin

экскаватор

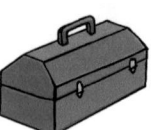

verktygslåda

ящик для инструментов

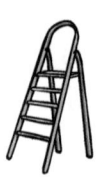

stege

стремянка

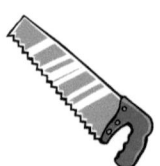

såg

пила

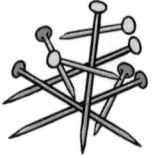

spik

гвозди

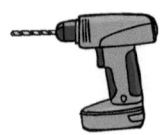

borr

дрель

reparera

ремонтировать

spade

лопата

Helvete!

Блин!

sopskyffel

совок

färgburk

ведро с краской

skruvar

винты

musikinstrument
музыкальные инструменты

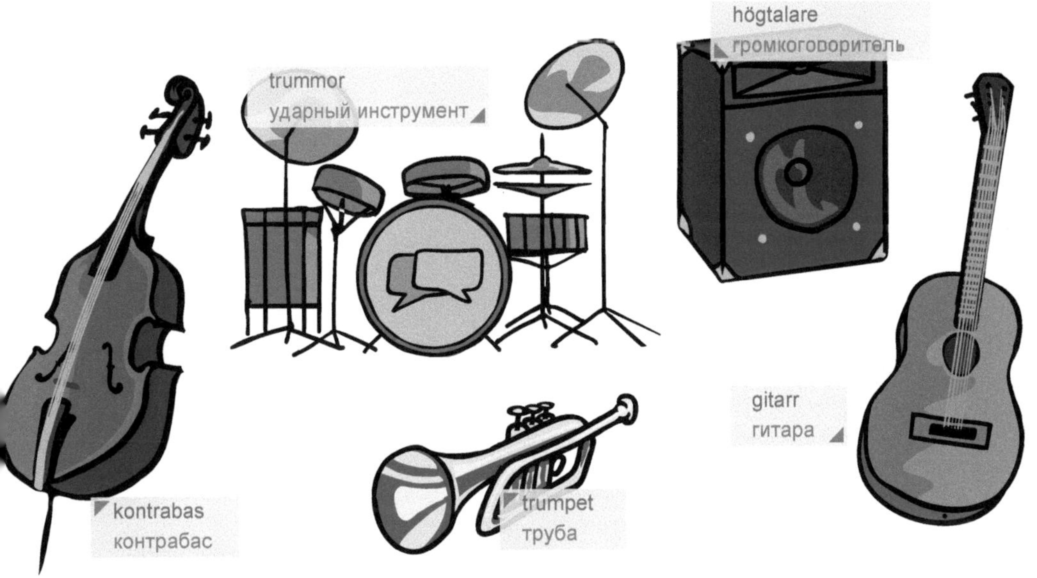

högtalare
громкоговоритель

trummor
ударный инструмент

gitarr
гитара

kontrabas
контрабас

trumpet
труба

piano

пианино

violin

скрипка

bas

бас-гитара

timpani

литавры

trumma

барабан

keyboard

синтезатор

saxofon

саксофон

flöjt

флейта

mikrofon

микрофон

zoo
зоопарк

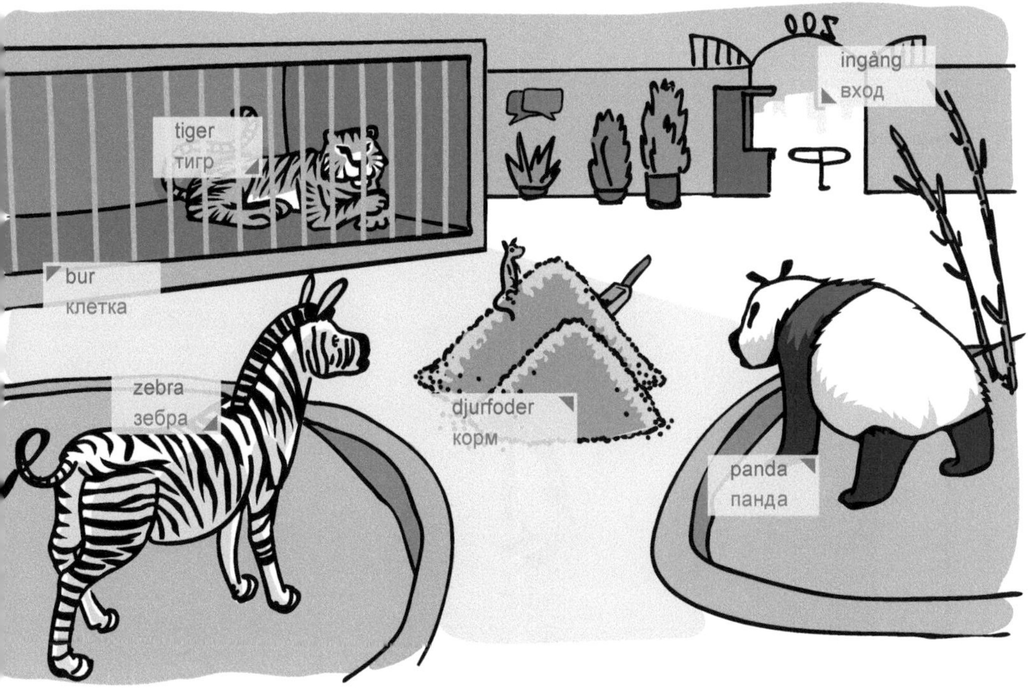

ingång
вход
tiger
тигр
bur
клетка
zebra
зебра
djurfoder
корм
panda
панда

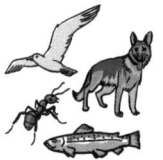

djur

животные

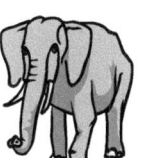

elefant

слон

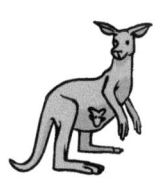

känguru

кенгуру

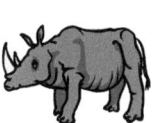

noshörning

носорог

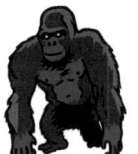

gorilla

горилла

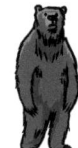

björn

медведь

kamel

верблюд

struts

страус

lejon

лев

apa

обезьяна

flamingo

фламинго

papegoja

попугай

isbjörn

белый медведь

pingvin

пингвин

haj

акула

påfågel

павлин

orm

змея

krokodil

крокодил

djurskötare

служитель зоопарка

säl

тюлень

jaguar

ягуар

ponny

пони

leopard

леопард

flodhäst

бегемот

giraff

жираф

örn

орёл

vildsvin

кабан

fisk

рыба

sköldpadda

черепаха

valross

морж

räv

лиса

gazell

газель

amerikansk fotboll
американский футбол

cykling
езда на велосипеде

tennis
теннис

basket
баскетбол

simning
плавание

boxning
бокс

ishockey
хоккей

fotboll
футбол

badminton
бадминтон

friidrott
лёгкая атлетика

handboll
гандбол

skidåkning
лыжный спорт

polo
поло

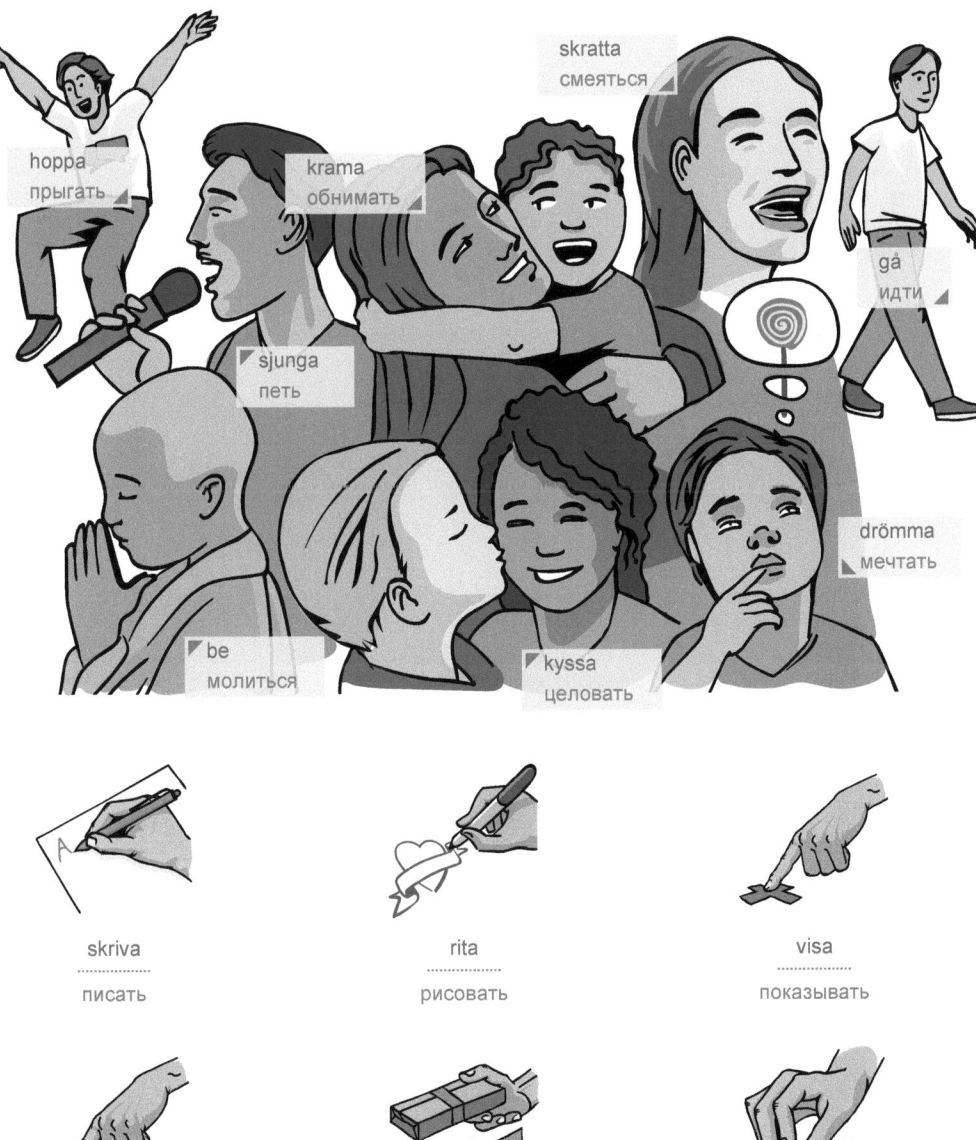

hoppa
прыгать

krama
обнимать

skratta
смеяться

gå
идти

sjunga
петь

drömma
мечтать

be
молиться

kyssa
целовать

skriva	rita	visa
писать	рисовать	показывать

skjuta	ge	ta
нажимать	давать	брать

hagel

иметь

göra

делать

vara

быть

stå

стоять

springa

бежать

dra

тянуть

kasta

бросать

falla

падать

ligga

лежать

vänta

ждать

bära

носить

sitta

сидеть

klä på

надевать

sova

спать

vakna

просыпаться

se på

рассматривать

gråta

плакать

smeka

гладить

kamma

причесывать

prata

говорить

förstå

понимать

fråga

спрашивать

höra

слушать

dricka

пить

äta

кушать

städa

наводить порядок

älska

любить

laga mat

готовить

köra

ехать

flyga

летать

segla

ходить под парусом

räkna

считать

läsa

читать

lära sig

учиться

arbeta

работать

gifta sig

вступать в брак

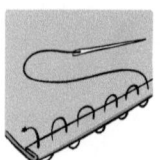

sy

шить

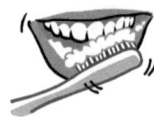

borsta tänderna

чистить зубы

döda

убивать

röka

курить

skicka

отправлять

mormor/farmor
бабушка

morfar/farfar
дедушка

pappa
папа

mamma
мама

baby
младенец

dotter
дочь

son
сын

gäst

гость

moster/faster

тетя

farbror/morbror

дядя

bror

брат

syster

сестра

kropp

тело

panna
лоб
öga
глаз
skuldra
плечо
finger
палец
ansikte
лицо
haka
подбородок
hand
кисть
ben
нога
bröst
грудь
arm
рука

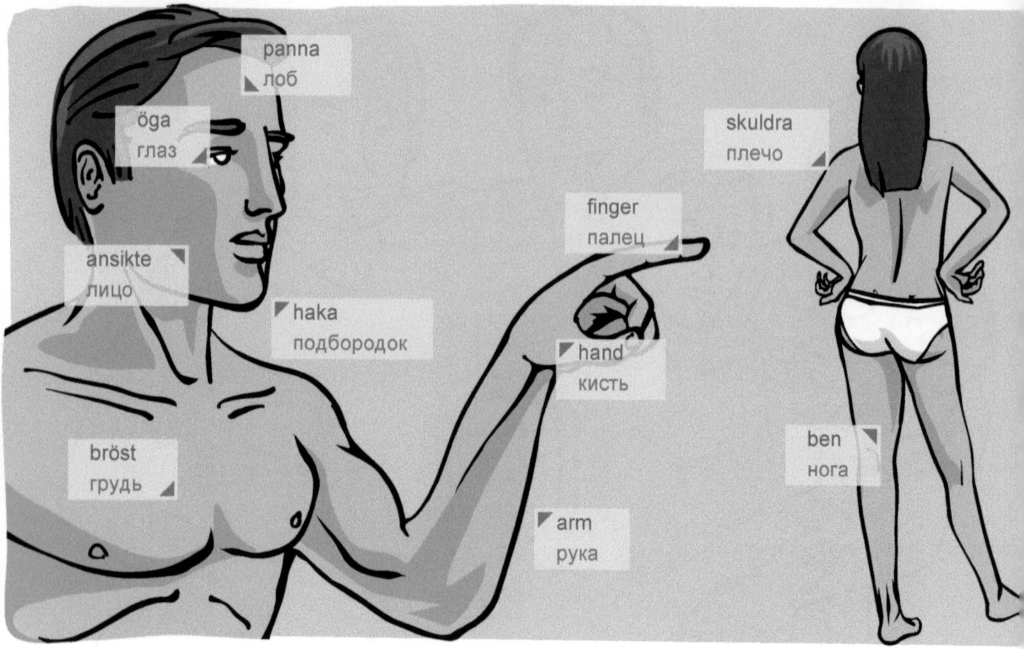

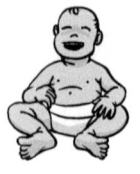

baby

младенец

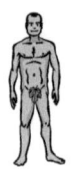

man

мужчина

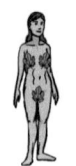

kvinna

женщина

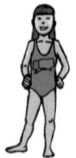

flicka

девочка

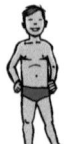

pojke

мальчик

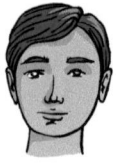

huvud

голова

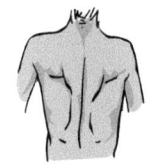

rygg

спина

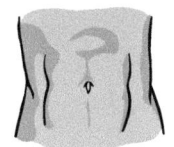

mage

живот

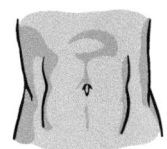

navel

пупок

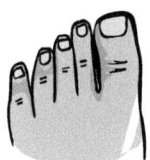

tå

палец ноги

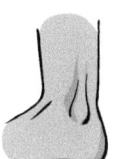

häl

пятка

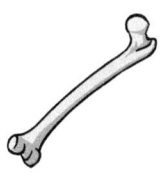

ben

кость

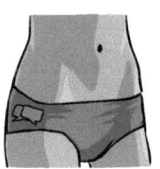

höft

бедро

knä

колено

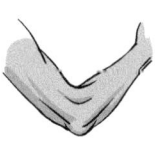

armbåge

локоть

näsa

нос

stjärt

ягодицы

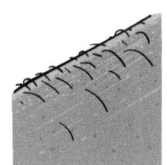

hud

кожа

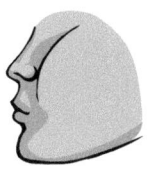

kind

щека

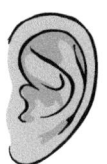

öra

ухо

läpp

губа

mun

рот

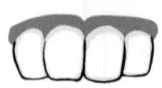

tand

зуб

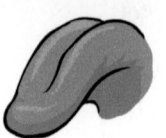

tunga

язык

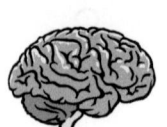

hjärna

мозг

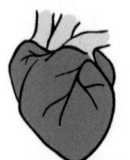

hjärta

сердце

muskel

мышца

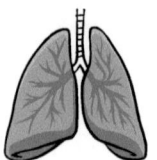

lunga

лёгкое

lever

печень

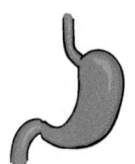

magsäck

желудок

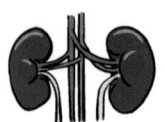

njurar

почки

sex

половой акт

kondom

презерватив

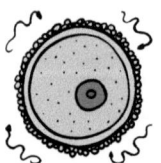

äggcell

яйцеклетка

sperma

сперма

graviditet

беременность

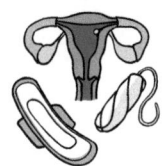

menstruation

менструация

vagina

вагина

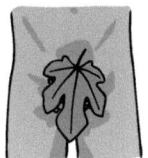

penis

пенис

ögonbryn

бровь

hår

волосы

nacke

шея

sjukhus
больница

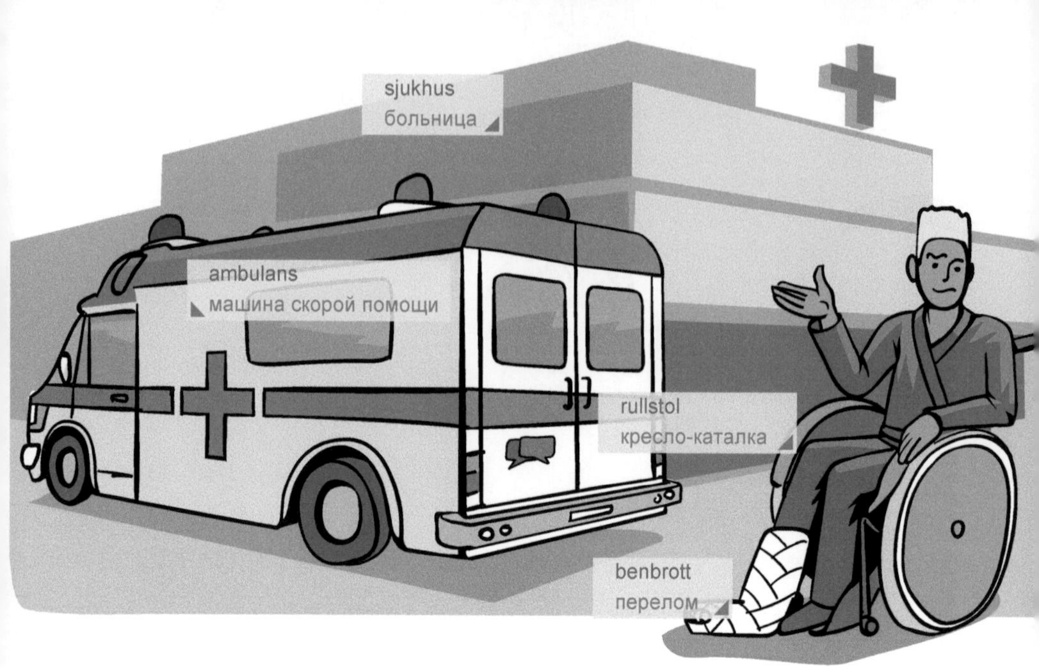

sjukhus
больница
ambulans
машина скорой помощи
rullstol
кресло-каталка
benbrott
перелом

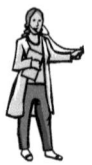

läkare
врач

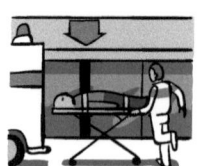

akutmottagning
пункт первой помощи

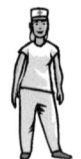

sjuksköterska
медсестра

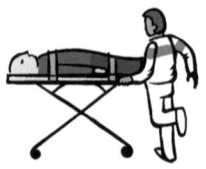

nödsituation
неотложный случай

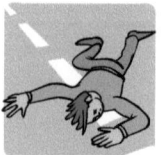

medvetslös
без сознания

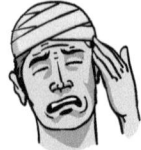

smärta
боль

skada

повреждение

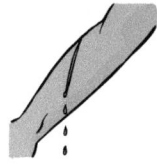

blödning

кровотечение

hjärtattack

инфаркт

slaganfall

инсульт

allergi

аллергия

hosta

кашель

feber

повышенная температура

influensa

грипп

diarré

понос

huvudvärk

головная боль

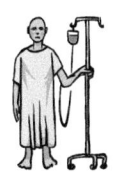

cancer

рак

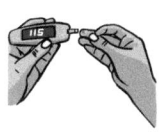

diabetes

диабет

kirurg

хирург

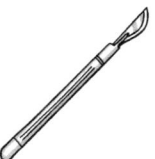

skalpell

скальпель

operation

операция

CT
КТ

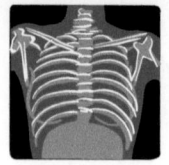

röntgen
рентген

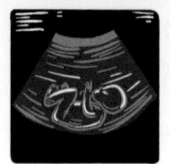

ultraljud
ультразвук

ansiktsmask
маска

sjukdom
болезнь

väntsal
приёмная

krycka
костыль

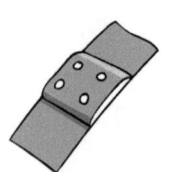

plåster
пластырь

bandage
бинт

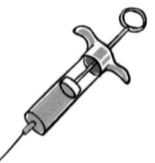

injektion
укол

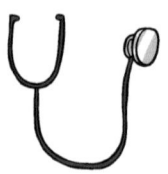

stetoskop
стетоскоп

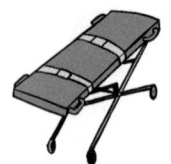

bår
носилки

termometer
термометр

födsel
рождение

övervikt
избыточный вес

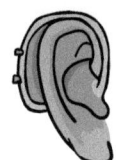

hörapparat

слуховой аппарат

desinfektionsmedel

дезинфекционное
средство

infektion

инфекция

virus

вирус

HIV / AIDS

ВИЧ / СПИД

medicin

лекарство

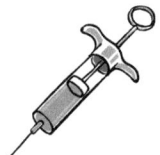

vaccination

прививка

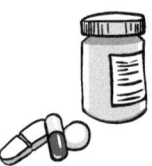

tabletter

таблетки

p-piller

противозачаточная
таблетка

nödsamtal

экстренный вызов

blodtrycksmätare

прибор для измерения
кровяного давления

sjuk / frisk

больной / здоровый

Hjälp!

Помогите!

alarm

сигнал тревоги

överfall

нападение

misshandel

атака

fara

опасность

nödutgång

запасной выход

Det brinner!

Пожар!

brandsläckare

огнетушитель

olycka

несчастный случай

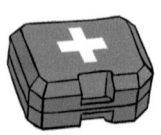

förbandslåda

аптечка

SOS

SOS

polis

милиция

Europa

Европа

Nordamerika

Северная Америка

Sydamerika

Южная Америка

Afrika

Африка

Asien

Азия

Australien

Австралия

Atlanten

Атлантический океан

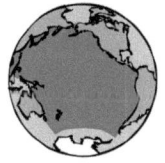

Stilla Havet

Тихий океан

Indiska Oceanen

Индийский океан

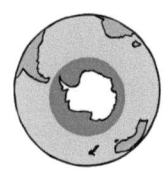

Antarktiska Oceanen

Антарктический океан

Arktiska Oceanen

Северный Ледовитый
океан

Nordpol

Северный полюс

Sydpol

Южный полюс

Antarktis

Антарктика

Jorden

земля

land

суша

hav

море

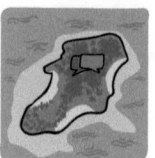

ö

остров

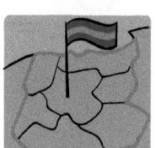

nation

нация

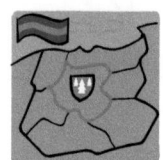

stat

государство

urtavla

циферблат

timvisare

часовая стрелка

minutvisare

минутная стрелка

sekundvisare

секундная стрелка

Vad är klockan?

Который час?

dag

день

tid

время

nu

сейчас

digital klocka

электронные часы

minut

минута

timme

час

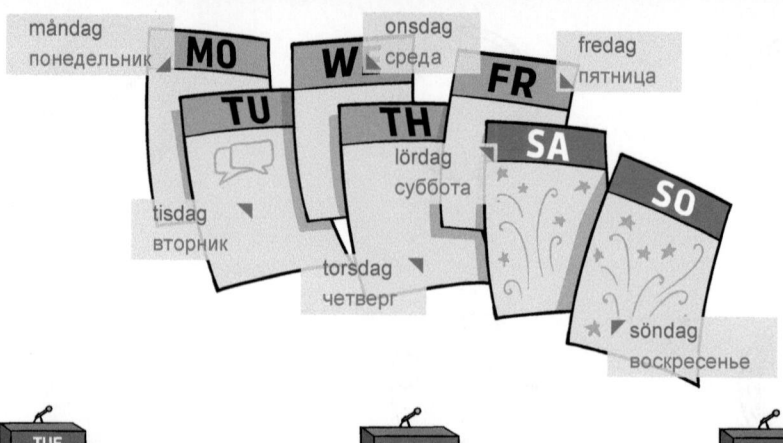

måndag / понедельник
onsdag / среда
fredag / пятница
tisdag / вторник
torsdag / четверг
lördag / суббота
söndag / воскресенье

igår
......
вчера

idag
......
сегодня

imorgon
......
завтра

morgon
......
утро

middag
......
полдень

kväll
......
вечер

vardagar
......
рабочие дни

helg
......
выходные

år

год

regn
дождь
regnbåge
радуга
vind
ветер
snö
снег
vår
весна
höst
осень
sommar
лето
vinter
зима

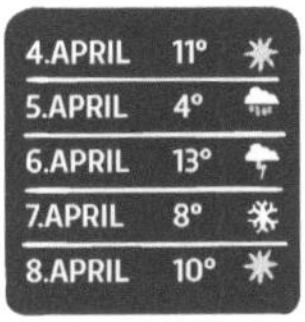

4.APRIL 11°
5.APRIL 4°
6.APRIL 13°
7.APRIL 8°
8.APRIL 10°

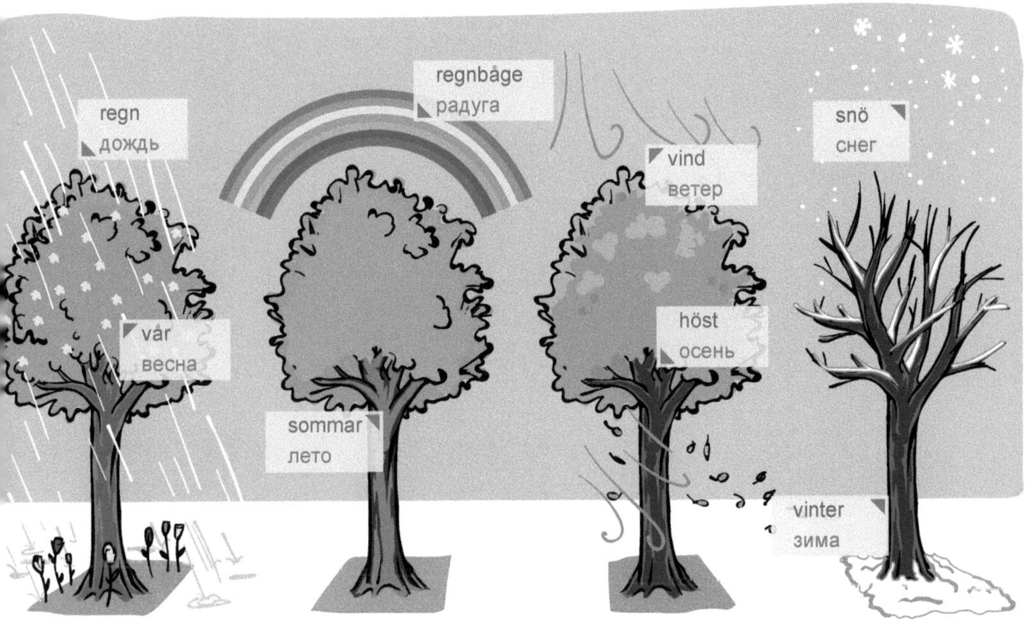

väderprognos
....
прогноз погоды

F
C
120
90
60
30
0
-30
40
30
20
10
0
-10
-20

termometer
....
термометр

solsken
....
солнечный свет

moln
....
туча

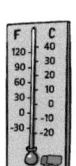

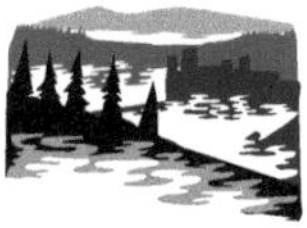

dimma
....
туман

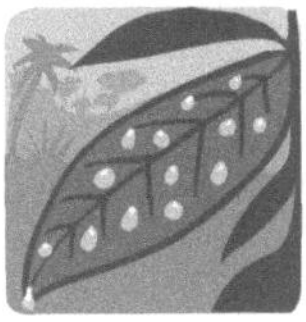

luftfuktighet
....
влажность воздуха

blixt

молния

åska

гром

storm

буря

hagel

град

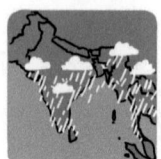

monsun

муссон

översvämning

наводнение

is

лёд

januari

январь

februari

февраль

mars

март

april

апрель

maj

май

juni

июнь

juli

июль

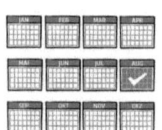

augusti

август

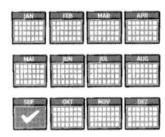

september
·················
сентябрь

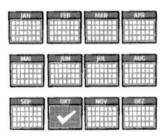

oktober
·················
октябрь

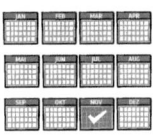

november
·················
ноябрь

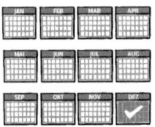

december
·················
декабрь

former
формы

cirkel
·················
круг

kvadrat
·················
квадрат

rektangel
·················
прямоугольник

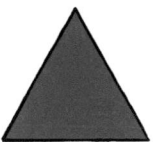

triangel
·················
треугольник

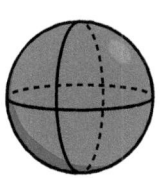

sfär
·················
шар

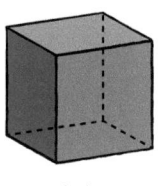

kub
·················
куб

vit
....
белый

gul
....
желтый

orange
....
оранжевый

rosa
....
розовый

röd
....
красный

lila
....
лиловый

blå
....
синий

grön
....
зелёный

brun
....
коричневый

grå
....
серый

svart
....
черный

mycket / lite

много / мало

arg / lugn

яростный / мирный

vacker / ful

красивый / уродливый

början / slut

начало / конец

stor / liten

большой / маленький

ljus / mörk

светлый / темный

bror / syster

брат / сестра

ren / smutsig

чистый / грязный

komplett / ofullständig

полный / неполный

dag / natt

день / ночь

död / levande

мёртвый / живой

bred / smal

широкий / узкий

ätlig / oätlig

съедобный / несъедобный

ond / god

злой / дружелюбный

upphetsad / uttråkad

взволнованный /
скучающий

tjock / smal

толстый / худой

först / sist

сначала / в конце

vän / fiende

друг / враг

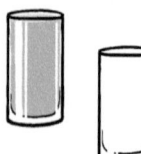

full / tom

полный / пустой

hård / mjuk

твёрдый / мягкий

tung / lätt

тяжёлый / легкий

hunger / törst

голод / жажда

sjuk / frisk

больной / здоровый

olaglig / laglig

незаконный / законный

intelligent / dum

умный / глупый

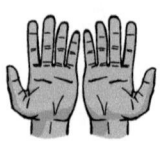

vänster / höger

слева / справа

nära / långt bort

близко / далеко

ny / begagnad

новый / подержанный

inget / något

ничто / нечто

gammal / ung

старый / молодой

på / av

включено / выключено

öppen / stängd

открыто / закрыто

tyst / högljudd

тихо / громко

rik / fattig

богатый / бедный

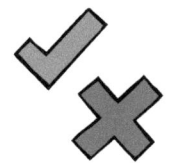

rätt / fel

правильный /
неправильный

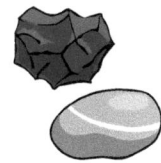

grov / slät

шероховатый / гладкий

ledsen / glad

печальный / счастливый

kort / lång

короткий / длинный

långsam / snabb

медленный / быстрый

våt / torr

мокрый / сухой

varm / sval

тёплый / прохладный

krig / fred

война / мир

0

noll

ноль

1

ett

один

2

två

два

3

tre

три

4

fyra

четыре

5

fem

пять

6

sex

шесть

7

sju

семь

8

åtta

восемь

9

nio

девять

10

tio

десять

11

elva

одиннадцать

12

tolv

двенадцать

13

tretton

тринадцать

14

fjorton

четырнадцать

15

femton

пятнадцать

16

sexton

шестнадцать

17

sjutton

семнадцать

18

arton

восемнадцать

19

nitton

девятнадцать

20

tjugo

двадцать

100

hundra

сто

1.000

tusen

тысяча

1.000.000

miljon

миллион

engelska

английский

amerikansk engelska

американский английский

kinesisk mandarin

мандаринский китайский

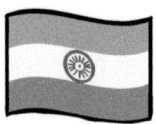

hindi

хинди

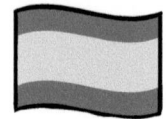

spanska

испанский

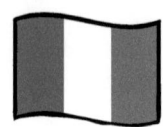

franska

французский

arabiska

арабский

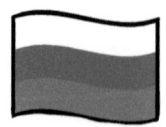

ryska

русский

portugisiska

португальский

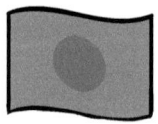

bengali

бенгальский

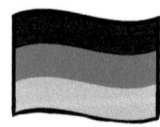

tyska

немецкий

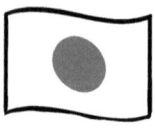

japanska

японский

jag

я

du

ты

han / hon / den (det)

он / она / оно

vi

мы

ni

вы

de

они

vem?

кто?

vad?

что?

hur?

как?

var?

где?

när?

когда?

namn

имя

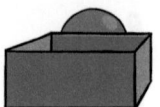

bakom

за

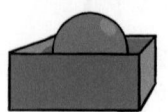

i

в

framför

перед

över

над

på

на

under

под

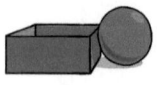

bredvid

рядом

mellan

между

plats

место